Silke Wagner-Rettig

Verdammtes Loslassen – Verflixte Selbstliebe

Smaragd Verlag

Bitte fordern Sie unser kostenloses Verlagsverzeichnis an:

Smaragd Verlag e.K.
Neuwieder Straße 2
D-56269 Dierdorf
Tel.: 02689-92259-10
Fax: 02689-92259-20
E-Mail: info@smaragd-verlag.de
www.smaragd-verlag.de

Oder besuchen Sie uns im Internet unter der obigen Adresse und melden Sie sich für unseren Newsletter an.

Deutsche Erstausgabe: November 2016
Dritte Auflage: Dezember 2016

Umschlaggestaltung: preData
Satz: preData
Druck: CPI books GmbH, Leck
Printed in Germany
ISBN 978-3-95531-145-2

Inhalt

Vorwort

Es gibt zwei Sätze aus der Geistigen Welt, die mich jedes Mal in Zweifel stürzen:

- Lass die Situation los!
- Liebe dich selbst!

Nicht nur, dass ich diese Worte von einigen wirklich großartigen Channelmedien hörte, nein, ich selbst gab sie – verpackt in Engelbotschaften – oft weiter.

Mit der Zeit konnte ich diese Sätze nicht mehr hören. Irgendwann ging mir richtig die Hutschnur hoch. Bitte, wie sollte man eine Situation loslassen, die einen Tag und Nacht beschäftigte? Der berühmte blaue Elefant beweist es ja: Denke nicht an den blauen Elefanten, und du bekommst ihn nicht aus dem Kopf. Übrigens geht es mir bis heute noch so mit gelben Autos. Beim Hören eines Hörbuchs fiel der Satz: Achten Sie auf gelbe Autos. Sehen Sie Autos in dieser Farbe als Ihr Glückszeichen an. Noch heute, Jahre später, achte ich auf gelbe Autos. Ich habe mich mit diesem Hörbuch echt darauf programmiert. Ob es geklappt hat mit dem Glück? Naja, ich bin in vielen Dingen ein echter Glücksritter, und manchmal eben nicht. Wie alle anderen Menschen auch.

Aber wie geht Loslassen eigentlich? Warum klingt das bei der Geistigen Welt immer so einfach und stürzt mich in einen Abgrund? Das beschäftigte mich immer stärker. Ich konnte mich an Situationen festbeißen wie ein Pit Bull. Und dann das

Thema Selbstliebe. Das war ja noch eine ganz andere Kategorie wie Loslassen. Ging es darum, sich körperlich zu akzeptieren, die inneren Werte, oder etwa beides? Mich perfekt finden, wie ich bin? Ui, das war ja völlig gegen meine Erziehung.

Ein recht bekannter Schamane empfahl die Spiegelübung. „Setze dich jeden Tag mindestens eine halbe Stunde nackt vor den Spiegel, und du lernst, dich zu lieben." Aha! Ich habe zwei Töchter, ich glaube, das könnte ich ihnen kaum erklären. Und wenn das meine Dreijährige im Kindergarten erzählt, kann ich mich beim nächsten Elternabend warm anziehen. Moment mal! Suche ich hier Ausflüchte? Ist es um meine Selbstliebe wirklich so schlecht bestellt?

Ein lieber Freund von mir hielt das tatsächlich über Wochen durch, mit dem Ergebnis, dass er zehn Kilo schlanker ist. Aber ob er sich jetzt wirklich selbst liebt, ich weiß es nicht...

Sollte ich Mops mich überwinden und vor dem Spiegel wirklich Platz nehmen? Könnte ich meinen dicken Hintern dann wirklich lieben und erhaben über meiner Figur stehen? Geistige Welt, war das euer Ernst? Oder denke ich jetzt zu oberflächlich?

Es half alles nichts. Ich musste auf meine persönliche Pilgerfahrt gehen. „Learning by doing" war ja schon immer ein Motto von mir. Mal gespannt, was am Ende steht, wenn ich dieses Buch hinter mir habe.

Ich fasse meinen Zustand am Tag Null auf einer Notenskala von 1 bis 6 zusammen:

Loslassen: Note 6

Selbstliebe: Note 6.

Ich brauche also Nachhilfe, und zwar dringend.

Mein Fazit:

Ich werde sämtliche Übungen, die ich zu den Themen Selbstliebe und Loslassen finde, testen. Auch die, die ich selbst immer weitergebe. Und ich bin gespannt, was dabei herauskommt. Mit einer Ausnahme: Zur Spiegelmethode bekommt mich vorerst keiner!

Also, Pilgern à la Silke steht auf dem Programm. Pilgerst du mit?

Deine zerknirschte Silke

Was?

Es war wie immer, wenn ich beschloss, ein Thema anzugehen. Die Geistige Welt lieferte mir keine Weisheiten und Lernerfahrungen auf dem Silbertablett, sondern schickte mir Ideen, Menschen, an denen ich mir teilweise die Zähne ausbiss, aber auch solche, die mich trugen. Als ich mir die Fragen nach Loslassen und Selbstliebe stellte, dachte ich, ich bekäme ein supertolles Channeling, und dann wäre alles klar. Was für eine arrogante Denke. Ich hatte wohl immer noch nichts dazugelernt.

Immer wenn es darum ging, mich selbst weiterzuentwickeln, leisteten „die da oben" höchste Hilfestellung, aber die eigene Entwicklung nahmen sie mir nicht ab. Wäre das schön. Ein Patentrezept für Selbstliebe, eins für Loslassen – mehr wollte ich doch gar nicht!

Konnte man an dieser selbstauferlegten Mission eigentlich scheitern? Mission: „Was will die Geistige Welt uns eigentlich mit solchen pauschalen Floskeln sagen", oder war da etwas Höheres, viel Stärkeres, etwas, das der menschliche Kleingeist nicht so einfach erfassen kann? Ich kam mir vor, wie auf der Suche nach dem Heiligen Gral. Wo war mein roter Faden, und warum hatte ich den Drang, das alles aufzuschreiben?

Sollte das hier etwa ein persönliches Buch werden? Über mich? Nein, danke! Ich schüttelte mich innerlich. Seelen-Striptease war so ziemlich das Letzte, was ich wollte. Konnte man Loslassen und Selbstliebe wirklich lernen? Wenn ja, bitte wie? Ich nahm mir vor, alles, was mir auf dieser Suche an Übungen und Versuchen in die Hände fiel, auszuprobieren und festzuhalten.

Es wurde dann mit der Zeit meine ganz persönliche Reise mit Hilfe der Geistigen Welt. Lass dich nicht beeindrucken, wie ich die Übungen für mich bewerte. Geh deinen eigenen Weg und nimm nur die Anregungen und Übungen für dich in Anspruch, die in Harmonie mit deinem Bauchgefühl gehen. Channelings zu den einzelnen Abschnitten habe ich kursiv gekennzeichnet.

Was du wissen musst:

Ich bin keine Psychologin, sondern nur jemand, der zufällig als Medium arbeitet und spirituell immer am Ausprobieren und Forschen ist.

Mein großes Ziel war und ist es zu verstehen, warum Loslassen und Selbstliebe die Essenz für Glück sind, oder ob ich die Geistige Welt falsch interpretiere.

Was versteht man eigentlich unter Loslassen?

Ging es um das Loslassen von Personen, die mir nicht guttaten und an denen ich trotzdem festhielt? Waren es Gespenster (Situationen) aus der Vergangenheit, die mich im Würgegriff hatten? Oder aktuelle Probleme, die meine Kopf-Achterbahn auf Trab hielten und wo ich auf der Suche nach Lösungen war?

Bedeutete Loslassen, keine eigenen Lösungen mehr zu entwickeln, sondern es auszusitzen? Frei nach dem Motto: „Ich stecke meinen Kopf in den Sand und warte ab. Wird schon schief gehen!“ Das konnte nicht gemeint sein, denn nur die Hände in den Schoß legen und Dinge aussitzen hat noch nie funktioniert.

Loslassen? Sag mal zu jemandem mit Liebeskummer: „Lass deinen Liebsten einfach los.“ Das funktioniert so einfach nicht. Wir brauchen Handwerkszeuge, um dem Thema Loslassen auf die Schliche zu kommen. Im Kopf ist es uns allen ja klar, aber bitte: WIE? Die erste Voraussetzung ist natürlich, dass ich loslassen möchte. Menschen mit Liebeskummer möchten das meistens am Anfang nicht. Somit ist eine der wichtigsten Voraussetzungen nicht gegeben. Oder doch? Wie ist das, wenn ich einen Verstorbenen oder dessen Gegenstände nicht loslassen kann? Was macht es mit mir, wenn ich alte Verletzungen einfach nicht abstreifen kann?

Ich merke schon, das Loslassen hat wirklich viele Gesichter. Welches Loslassen wohl die Geistige Welt meint?

Ich bin gespannt, was auf mich zukommt...

Was versteht man eigentlich unter Selbstliebe?

Wer sich selbst liebt, ist arrogant, überheblich und egoistisch. Oder etwa nicht? Wie fühlst DU dich, wenn du das liest? Ist da etwas dran? Wir wollen ja nicht arrogant, überheblich oder gar egoistisch wirken, sondern von anderen geliebt werden. Dafür muss ich aber hübsch bescheiden sein, oder nicht?

Oder, noch schlimmer:

Du kannst nur von den Menschen geliebt werden, wenn du dich selbst liebst. Wer von uns liebt sich denn wirklich so richtig zu 100 Prozent selbst? Heißt das, alle, die sich nicht wirklich lieben, werden auch nicht geliebt? Ich verstehe die Kernaussage in diesem Satz sehr gut, aber:

MUSS ICH MIR LIEBE WIRKLICH VERDIENEN?

Brauche ich wirklich Selbstliebe als Einsatz, um geliebt zu werden? Stellen wir mit solch einer Aussage nicht eine wirklich fiese Programmierung auf? Ich erinnere nur mal zaghaft an die gelben Autos. Man ist unglaublich schnell programmiert.

Ich wurde 1973 geboren, 28 Jahre nach Kriegsende. In meiner Kindheit war das kollektive deutsche Schamgefühl viel höher als heute. Wir wurden zur Bescheidenheit erzogen – nimm dich zurück, sei nicht eingebildet usw. Unsere Eltern hatten diese Prägung noch viel stärker erlebt inklusive das kollektive Schuldbewusstsein dieser Generation. Völlig andere Werte als die, die ich heute meinen Kindern zu vermitteln versuche. Heute sind unsere Erziehungsziele, unsere Kinder in ihrem Selbstbewusstsein zu stärken. Wir ermutigen unsere Kids, sich große Ziele zu setzen, und dazu gehört auch, ihnen zu sagen, wie toll wir sie finden und dass wir an sie glauben. Wir als Eltern der Neuen Zeit schleppen ja auch nicht so viel Last wie die Generationen vor uns mit uns herum. Wir lechzen alle nach Liebe wie Verdurstende nach Wasser.

Wenn ich Selbstliebe aus jeder Pore ausstrahle, werde ich dann zum Magneten? Selbstliebe quasi als Türöffner für meinen Traumpartner? Lockt Selbstliebe passende Partner einfach so an? So, wie Honig die Bären? Bin ich dann quasi der Kassenschlager im Liebessupermarkt?

Selbstliebe lernen, nur um den perfekten Partner anzuziehen? Das kann doch von der Geistigen Welt so nicht gemeint sein.

Warum dann Selbstliebe? Ist das der Schlüssel für Lebensfreude pur und Leichtigkeit? Die Leichtigkeit, die wir uns alle im Leben wünschen?

Übrigens muss ich beim Schreiben dieser Zeilen gerade über mich selbst lachen. Ich spüre meinen inneren Widerstand zum Thema Selbstliebe und merke: Ja, Silke, da musst du ran. Da musst DU dich selbst neu kennenlernen und programmieren.

Haben es eigentlich schöne Menschen leichter, sich selbst zu lieben? Aus zahlreichen Einzelsitzungen mit wirklich wunderschönen Frauen weiß ich: Nein, so einfach ist es leider nicht. Teilweise hat mich erschreckt, welches Selbstbild diese Frauen von sich haben.

Ich werde tapfer auf die Übungspirsch gehen und der Geistigen Welt gehörig auf den Zahn fühlen. Jetzt will ich es wissen. Können wir die Selbstliebe lernen, und was ist der eigentliche Zweck dahinter?

Meister St. Germain schaltet sich ein

Liebe Menschenkinder,

Loslassen und Selbstliebe haben die gleiche Essenz. Lebe im Hier und Jetzt und nimm die Situation so an, wie sie ist. Für euch Menschenkinder ist es schwer, die Wertung aus allem zu nehmen, doch wenn du in die Stille gehst und einfach die IST-SITUATION wie einen neuen Tag begrüßt, öffnet sich die Tür zu einer neuen Betrachtungsweise. Hier liegt der erste Schritt. Vor dem Loslassen muss man annehmen, vor der Selbstliebe muss man annehmen.

Kannst du annehmen? Achtest du auf den Ausgleich von Energien, oder ist hier deine Lebenswaage schon in der Schieflage? Betrachte, spüre hinein, und du wirst verstehen, was wir meinen.

Saint Germain, im Juni 2016

Konnte das so gemeint sein, wie es da steht? Annehmen als Schüssel? Moment, in mir regte sich im ersten Moment Protest. Aber langsam, alles der Reihe nach. Okay, der erste Abschnitt war für mich völlig nachvollziehbar. Bekannter Weise ist ja *in die Stille gehen* nicht unbedingt meine Stärke, und doch ging von diesen Worten für mich eine Kraft aus, die mich ermunterte, genau das zu tun.

Meine Lebenswaage war sicherlich nicht im Einklang, da hatte ich deutliche Defizite. Beruflich hatte ich es lernen müssen, das ist für ein Medium eine harte Schule. Auch mal Nein zu sagen oder auf einen finanziellen Ausgleich zu pochen, macht einem nicht zu *everybodys darling*. Moment, darin lag ja schon wieder ein Muster begraben:

ICH WILL ES DOCH JEDEM RECHT MACHEN, MAN KÖNNTE DOCH EINE SCHLECHTE MEINUNG VON MIR HABEN.

Wäre ich in meiner Mitte, dann würde mich genau das nicht mehr stören. Dann wäre es mir egal, was die anderen von mir denken. Ich wollte also um jeden Preis gefallen, um geliebt zu werden. Etwa weil ich mich selbst so wenig liebte?

Der Kreis schloss sich für mich. Allein indem ich mich mit dem oben genannten Channeling auseinandergesetzt hatte, war ich wieder auf ein Muster gestoßen. Ich verstand immer besser, wie ich funktionierte und was meine Selbstliebe und mein Loslassen wirklich boykottierte.

Mein Tipp:

Lies dir das oben genannte Channeling einige Male durch und spüre hinein. Was sind deine Muster, wo hängt deine Lebenswaage schief? Schütten dir vielleicht viele Menschen ihr Herz aus, wollen sich einfach nur Luft machen, ohne wirklich etwas verändern zu wollen, gehen leicht von dir nach Hause, und die Schwere bleibt bei dir? Manchmal sind es nur Kleinigkeiten, doch es lohnt sich, die „Inneren Verhinderer“ aufzuspüren. Nur wenn wir uns so neutral wie möglich unsere

Muster ansehen, können wir durchbrechen und neue Wege gehen.

Zusammenfassung:

Notiere dir, wo deine Lebenswaage nicht in Ordnung ist. Wo gibst du zu viel und bekommst zu wenig zurück? Wo nimmst du zu viel und gibst zu wenig zurück? Alle Bereiche sind erlaubt, Hauptsache, du bist ehrlich zu dir selbst. Und dann geht es an den Bereich, der wirklich wehtut. Frage dich, warum es so ist. Warum kannst du nicht Nein sagen, warum hast du Angst, jemandem wehzutun. Wo nimmst du zu viel, und warum? Welche sind deine Beweggründe? Verlangst du, dass dich dein Partner so liebt, wie du bist, und du willst ihn ständig verändern?

Zu sich selbst ehrlich zu sein, ist leider nicht immer schön. Aber je mehr Muster wir erkennen, desto leichter fällt es uns, auszubrechen und die Dinge aus einem anderen Blickwinkel zu sehen.

Der Loslass-Prozess

Egal, um welches Thema es geht, es ist wichtig, dass ich mir genau darüber im Klaren bin, was ich eigentlich loslassen will. Auch wenn ich einen massiven Widerstand in meinem Herzbereich spüren sollte. Alles auf das Papier zu bringen ist erst einmal sinnvoll.

1.
2.
3.
4.
5.

Solltest du weitere Punkte haben, nur zu. Notiere sie einfach auf einem extra Blatt.

Jetzt nimm dir bitte Zeit und markiere jeden Punkt mit einem oder mehreren der folgenden Symbole:

☺ **Herz und Verstand sind sich einig.**

☹ **Herz sagt nein.**

♦ **Angst kommt hoch (egal, in welcher Form).**

Ein altes indianisches Sprichwort sagt: Wenn du auf einem toten Pferd sitzt, steige einfach ab.

Was ist aber, wenn ich nicht absteigen kann?

Stell dir vor, du hast eine Gerichtsverhandlung vor dir, bei der es um viel Geld geht und du wirkliche Existenzangst hast. Du hast keinen Einfluss auf das Geschehen, die Entscheidung obliegt dem Gericht. Du musst zum Prozess erscheinen, absteigen im Sinne des indianischen Sprichwortes funktioniert nicht.

Oder, noch schlimmer:

Du möchtest vielleicht Misshandlungen aus der Kindheit loslassen, da sie dich immer wieder einholen. Auch hier hat man Angst, dass einem die Geister der Vergangenheit zusetzen.

Dann gibt es noch das dritte Beispiel, das uns alle im Bekanntenkreis schon begegnet ist:

Kinderwunsch eine Paares, nichts wird unversucht gelassen, nichts funktioniert. Irgendwann wird frustriert aufgegeben. Meistens schlägt genau in diesem Moment der Storch zu.

Auch wenn uns im Kopf klar ist: Lassen wir los, sind wir frei. So einfach ist es in der Logik, so schwierig in der Praxis.

Als ich meine Liste geschrieben hatte, war ich erstaunt. Es gab Dinge, von denen ich glaubte, sie nicht loslassen zu dürfen. Du kannst das nicht ablegen, du hast doch damals Schuld auf dich geladen...

Aha, mein innerer Schweinehund machte mir klar, dass eine Form des Nicht-Loslassens auch Selbstbestrafung ist. Langsam taten sich deutliche Abgründe in mir auf. Erschreckend. Allein das ehrliche Aufschreiben zeigte mir meine Verknüpfungen und ließ mich zwei Erkenntnisse gewinnen:

1. Ich muss mich dringend neu programmieren.
2. Die innere Haltung ist entscheidend.

Ich hatte das Gefühl, langsam einen roten Faden zu finden. Wenn ich mir beim Loslassen meine inneren Widerstände zum jeweiligen Thema genau anschaute, war das ein wirklicher Aha-Effekt. Doch kann man damit wirklich schon etwas anfangen? Ich war hin und hergerissen. Meine Widerstände waren also Verbündete vom Nicht-Loslassen-Können.

Ich hatte an meiner ersten Bestandsaufnahme ganz schön zu schlucken. Aber irgendwie fühlte es sich an wie Aufwachen. Ich wusste es, tief aus meinem Inneren heraus: Ich war auf dem richtigen Weg. Jetzt hatte ich Feuer gefangen.

Annehmen der Ist-Situation

Nimm an, was du eh nicht ändern kannst. Juhu! Da fing es also an. Eine Situation *einfach* annehmen. Bitte, was ist daran einfach? Es war wie so oft, wenn es nicht weiterging. Ich brauchte ein klares Wort von ganz anderer Seite. Wer wäre dazu besser geeignet als Toularion, mein geistiger Führer aus Atlantis?

Geliebtes Kind,

stell dir vor, du bist der Kapitän eines kleinen Schiffes auf einem großen Fluss. Du kannst weder den Wasserstand beeinflussen, noch die Fließgeschwindigkeit des Wassers. Es ist einfach gegeben. Du kannst die Hände nicht einfach in den Schoß legen und dich treiben lassen, du hast das Ruder in der Hand und musst die äußeren Bedingungen annehmen. Und doch hast du das Wissen und das Vertrauen, dein Schiff sicher in den Hafen zu bringen.

Keine Aufgabe, geliebtes Kind, keine Bürde ist zu groß. Alles ist ein Kreislauf, festgelegt in groben Zügen, um die Erfüllung des Lebenssinns zu optimieren. Alles, was du als Fehlschlag in deinem Leben wertest, ist kein Fehlschlag, sondern ein wichtiges Rädchen in deiner Entwicklung. Mögen dir diese Worte das nötige Vertrauen geben, auf dem Kurs deines Herzens zu bleiben und dich nicht erschüttern zu lassen.

Toularion, Juni 2016

Okay, das war selbst für mich verständlich. Ich begann eine Situation, in der ich gerade feststeckte, damit zu vergleichen und mir das entsprechend zu notieren. Was soll ich sagen, es ist unglaublich, es funktioniert.

Hier ein Beispiel:

Petra Müllers Arbeitgeber ist pleite, sie ist jedoch auf diesen Job finanziell angewiesen. Von dem Arbeitslosengeld kann sie nicht leben. Sie braucht dringend einen neuen Job, ihr Selbstwert ist völlig am Boden, die Angst lähmt sie. Wie kann sie solch eine existenzbedrohende Situation loslassen?

1. Ordne die einzelnen Begriffe zu

Kapitän = Petra

Fluss = Jobsuche

Wasserstand = ExistenzANGST

Fließgeschwindigkeit = Selbstwertgefühl

Hafen = neuer Job

2. Sich das Channeling bewusst machen und nochmals mit den ersetzen Begriffen lesen. (Geht auch in ICH-Form!)

Petra ist auf Jobsuche. Sie kann weder ihre Existenzangst

noch das Selbstwertgefühl beeinflussen. Es ist gegeben. Sie muss sich einbringen, Stellenanzeigen lesen, Bewerbungen schreiben – die äußeren Bedingungen annehmen. Und doch hat sie das Wissen und das Vertrauen, einen neuen Job zu bekommen.

3. Den Sinn dahinter erkennen

Petra hat ihre Arbeit schon lange keine Freude mehr bereitet. Sie hat funktioniert, der Stress hat sie krank gemacht. Ihre ständige Existenzangst hat sie allerdings daran gehindert, sich etwas Neues zu suchen.

4. Fazit

Nur so kam Bewegung in Petras Leben. Anders wäre sie niemals bereit gewesen, etwas zu verändern.

Ein weiteres Beispiel:

Sabine hat nach der Scheidung das gemeinsame Haus behalten, obwohl es verschuldet ist. Doch sie ist auf die Mieteinnahmen angewiesen. Aber ständig hat das Haus einen anderen Schaden. Sie selbst ist in die Einliegerwohnung in das

Haus ihrer Mutter gezogen, fühlt sich dort aber nicht wirklich wohl. Wenn der Mieter anruft, hat sie schon Angst, ans Telefon zu gehen, da jede Reparatur mit riesigen Kosten verbunden ist. Gerade hat der Mieter ihr mitgeteilt, dass der Keller des Hauses voller Schimmel ist.

Kapitän: Sabine
Fluss: Halten des Hauses als Wertanlage
Wasserstand: Existenzangst
Fließgeschwindigkeit: Unsicherheit, Angst vor Entscheidungen
Hafen: verbesserte Wohnsituation für Sabine

In Sabines vermietetem Haus steht schon wieder eine teure Reparatur an. Sie kann weder ihre Existenzangst, noch die Unsicherheit vor Entscheidungen beeinflussen. Es ist gegeben. Sie muss sich einbringen, günstige Reparaturalternativen suchen, Kostenvoranschläge einholen. Und doch hat sie das Wissen und das Vertrauen, dass sie finanziell nicht untergeht.

Sabine ist mit ihrer eigenen Wohnsituation nicht im Reinen. Ihre finanzielle Lage bindet sie allerdings daran. Das Haus hindert sie daran, vorwärtszugehen.

Hinweis von Toularion:

Wichtig ist es, deine Gedanken trotz Angst zu kontrollieren. Lass der Angst in dir so wenig Raum wie möglich. Ersetze Angstsätze sofort durch positive Glaubenssätze. Achte auf dich, und du wirst immer mit dem Strom der Fülle des Lebens schwimmen.

Mein persönliches Fazit:

Ich gebe zu, die Zuordnung ist nicht immer leicht, doch es lohnt sich. Es bringt klare Erkenntnisse und zeigt, woran der Loslass-Prozess scheitert beziehungsweise woran es in der Situation hängt. Ich habe diese Übung mehrere meiner Mädels durchspielen lassen. Nicht alle konnten sofort damit etwas anfangen. Es braucht Übung. Doch das Ergebnis am Ende hat uns alle ermutigt, weiter zu probieren. Bitte nicht aufgeben, da sich so viele Lösungen darin verstecken.

Der Loslass-Ring

Zweifelte ich bis gestern noch daran, woher die Übungen für dieses Buch kommen sollten, fütterte mich die Geistige Welt mal wieder über Nacht. So viel zum Thema Vertrauen, auch bei mir hängt es hin und wieder. Da kann man noch so medial sein, wir alle haben Hoch und Tiefs. Ich weiß, diese Ehrlichkeit ist vielleicht jetzt kontraproduktiv, wenn du mich für das Super-Medium hältst, aber vielleicht ermuntert es dich, deine eigene Medialität aus dem Dornröschenschlaf zu wecken.

Übung

Nimm dir einen Moment der Stille und konzentriere dich auf eine Person, die du jetzt im Moment loslassen möchtest. Atme 7-mal bewusst tief ein und aus. Bitte jetzt Erzengel Michael in dein Energiefeld und um ein deutliches Zeichen, dass er bei dir ist. Sobald du ihn spürst, streckst du bewusst deine linke Hand aus und bittest Erzengel Michael, dir energetisch einen Ring über den Mittelfinger zu ziehen. Nein, denke nicht, die Silke hat einen Knall, sondern probiere es aus. Ich weiß, dass es unwirklich klingt, aber ich habe es getestet. Und zwar nicht nur an mir, sondern auch im Rahmen eines Workshops, und viele meiner Kundinnen im Laden haben eifrig mit mir probiert. Vielleicht fällt es dem einen oder anderen schwer, den Ring zu spüren. Hier ist etwas Geduld gefragt. Doch raus aus den Zweifeln: Du hast nichts zu verlieren! Es ist einen Versuch wert. Je lockerer du bist, desto mehr wirst du spüren.

Sobald du ein Gefühl für den Ring hast, konzentriere dich auf ihn und bitte Erzengel Michael, sämtliche Energieschnüre zwischen euch abzutrennen, und zwar vom Kopf bis zum Fuß.

Wenn du das Gefühl hast, es reicht, bedanke dich und spüre in deinen Körper hinein. Du müsstest sofort spüren, dass sich dein Rücken leichter anfühlt.

Dann bittest du deinen Körper, dich die Stelle spüren zu lassen, wo du mit dieser Person verbunden bist. Wir haben zu jedem Menschen in unserem Umfeld eine sogenannte Verbindungsstelle. Das ist ein fester Punkt am Körper, der beim Kennenlernen der Person energetisch in deinem Energiefeld andockt.

Spüre hinein. Wo nimmst du die Stelle an deinem Körper wahr?

Bitte Erzengel Michael, genau diese Stelle jetzt aus deinem Energiefeld zu lösen, und gib ihm einen Moment Zeit.

Dann tritt bewusst aus dieser Energie heraus, indem du einen Schritt nach vorne gehst. Bedanke dich bei Erzengel Michael und bitte ihn, den Ring wieder entgegenzunehmen.

Es empfiehlt sich, hinterher ein Salzbad zu nehmen, dem du noch einen Spritzer Aromaöl deiner Wahl beimischst.

Mein Fazit:

Ich musste die Übung zu einer Person in Abständen mehrmals machen. Aber es ist unglaublich: Ich fühle mich leichter und bin nicht mehr im Sog dieser Person...

TSCHAKKA, wir schaffen das!

Kleine Falle

Kennst du das? Du denkst tagelang nicht mehr an die Person, die du losgelassen hast, und mit einem Mal kommt sie dir einfach so wieder in den Sinn. Du fragst dich, wieso und suchst nach Antworten. Manchmal ist die Erklärung ganz einfach und anders, als du sie dir vorgestellt hast.

Wir sind alle durch das Morphogenetische Feld eng miteinander verbunden. Wahrscheinlich lässt dich diese Person im Moment nicht los und denkt an dich, dockt in deinem Feld an. Das passiert ganz schnell und leicht. Es kann sich aber für dich so anfühlen, als würdest du wieder ganz am Anfang des Loslass-Prozesses stehen.

Meine liebe Freundin Soleia hat mir hierzu den folgenden Tipp gegeben, der sehr wirksam und effektiv ist:

Wenn du die Person trotz des Loslassens so massiv spürst, dann stell dir einfach vor, du stehst in einem Brennnesselfeld. Die Brennnesseln stehen so hoch, dass sie über deinen Kopf wachsen. Sieh dich ganz bewusst in diesem Feld stehen und wie die Nesseln einen schützenden Kreis um dich bilden. Bedanke dich bei den Pflanzenelfen, dass sie gemeinsam mit den Brennnesseln deine Energie schützen und hochhalten.

Mir ist bewusst, dass auch dies eine Übung ist, die kopflastige Menschen in die Flucht treibt. Ich kann nur einen Tipp dazu geben: Ausprobieren!!!

Seelengespräche

Jeder kann mit Seelen kommunizieren. Das ist nicht weiter schwierig, da wir alle über das Morphogenetische Feld eng miteinander verbunden sind. Wenn du dir dessen bewusst bist, wird vieles augenblicklich leichter. Egal, was uns im irdischen Zwischenleben bewegt, auf Seelenebene hat alles eine friedlichere, angenehmere Basis, und man kann VERNÜNFTIG miteinander kommunizieren. Das bedeutet auch, dass du in diesem Gespräch deine Verletzungen und Vorwürfe herausnehmen solltest. Sei dir bewusst, dass du ein Seelengespräch nicht manipulativ einsetzen kannst. Wenn deine große Liebe die Beziehung aufgelöst hat, kannst du sie nicht über das Seelengespräch bewegen, wieder auf dich zuzukommen. Warum dann überhaupt solche Gespräche? Ganz einfach, du kannst die Beweggründe des anderen besser verstehen, Verletzungen heilen und spüren, wie intensiv man sich auf Seelenebene versöhnen kann. Es bringt Erleichterung für den Alltag und hilft dir, leichter loszulassen.

Ich werde oft gefragt, was die andere Seele in einem Seelengespräch wahrnimmt. Es ist erstaunlich, oft kommt etwas in Bewegung.

Hier mein persönliches Beispiel:

Ich hatte eine gute Freundin, jedoch hatten wir uns leider nach einem lächerlichen Streit vor Jahren auseinandergelebt und seitdem nichts voneinander gehört. Mich hat das all die Jahre sehr beschäftigt. Leider war nach den vielen Jahren nicht mehr nachvollziehbar, wo sie inzwischen wohnte. Irgendwann führte ich dann ein Seelengespräch mit ihr. Es war für mich sehr befreiend, hatte ich mich doch über die Jahre hinweg auch schuldig gefühlt. Was soll ich sagen? Ein paar Tage später stand sie bei mir im Laden, da sie den Drang verspürt hatte, mit mir zu sprechen.

Wie gehst du nun bei einem Seelengespräch vor? Wenn du es für dich persönlich machst, ist es sinnvoll, dir alles, was du loswerden möchtest, stichwortartig aufzuschreiben. So kannst du es in Ruhe durchgehen und verletzende Emotionen herausnehmen. Eine gute Vorbereitung gibt dir Sicherheit für das Gespräch.

Übung

Nimm dir jetzt Zeit und achte darauf, dass du nicht gestört wirst. Atme bewusst einige Male ein und aus. Stell dir jetzt vor deinem geistigen Auge eine Treppe vor, die aus sieben Stufen besteht. Am oberen Ende der Stufe kannst du ein großes grünes Tor wahrnehmen. Lade jetzt in Gedanken den Menschen ein, mit dem du das Seelengespräch führen möchtest. Wenn diese Person auf Seelenebene bereit ist, mit dir zu kommunizieren, wird das grüne Tor am Ende der Treppe sich öffnen.

Wichtig: Sollte sich das Tor nicht öffnen, musst du das akzeptieren, das Seelengespräch abrechen und es zu einem späteren Zeitpunkt erneut versuchen. Mach dir keine Gedanken über das Warum. Jeder Mensch, jede Seele hat einen freien Willen. Bewerte es nicht, wenn sich das Tor nicht öffnen sollte, und suche auch nicht nach Gründen.

Wenn es geöffnet ist, gehe hindurch. Du kommst in einen wunderschönen Garten, in dessen linker Ecke du eine Feuerstelle siehst, in der ein schönes Feuer brennt. Hinter dieser Feuerstelle steht die Seele, die du gerufen hast. Bitte begrüße sie freundlich und sage ihr liebevoll, was du auf dem Herzen hast.

Vermeide Vorwürfe, achte auf deinen Tonfall und versuche auch nicht, die Seele in irgendeinem Bereich umzustimmen. Wenn du dir alles von der Seele geredet hast, bitte die Seele, dir zu sagen, wie sie die Dinge sieht. Lass einfach geschehen, hör zu und kommentiere nichts. Wenn die Seele fertig ist, bedanke dich für das Gespräch. Frage sie, ob sie bereit ist, gemeinsam mit dir alles, was eure Beziehung belastet hat, in das Feuer zu werfen. Erhältst du ein Ja, könnt ihr beide damit beginnen. Erhältst du ein Nein, wirf nur das hinein, was dich belastet hat. Spüre, wie du dich sofort leichter fühlst. Verabschiede dich von der anderen Seele und verlasse den Garten. Gehe durch das grüne Tor und komme in deinem Tempo ins Hier und Jetzt zurück.

Diese Übung hat eine unglaubliche Tiefe. Man fühlt sich hinterher erleichtert. Solltest du diese Seelengespräche für Dritte und ihre Beziehung führen, lass dir an der Feuerstelle ein Erkennungszeichen von der Person hinter dem Feuer geben. So kannst du immer beweisen, dass du tatsächlich mit der Seele gesprochen hast. Du weißt ja, der menschliche Verstand braucht immer „Futter“.

Was für mich sehr spannend war:

Ich hatte eine Mutter bei mir bei einer Einzelsitzung. Ich nahm sofort wahr, dass sie sich große Sorgen um ihren Sohn machte. Ich fragte nach dem Alter und dem Vornamen und begann mit dem Seelengespräch. Das war Neuland: Die Seele sprach nicht mit mir, sondern zeigte mir nur Bilder. Das gab ich völlig verwundert an die Mutter weiter. Sie sagte darauf nur: „Mein Sohn ist schwerstbehindert, er kann nicht sprechen.“ Da verstand ich, warum die Seele nicht zu mir sprach. Sie wollte mir das durch die Bilder zeigen. Seit diesem Zeitpunkt weiß ich auch, wie wichtig es ist, auf alle Kleinigkeiten zu achten.

Der Paketbote

Ich gebe es zu: Das ist wieder so eine Übung, bei der dir besser keine anderen Personen zuschauen. Eine Übung für das stille Kämmerchen also. Aber solche Kleinigkeiten werden dich hoffentlich nicht vom Ausprobieren abhalten, oder?

Schaffe dir eine entspannte Atmosphäre und sorge dafür, dass du nicht gestört wirst. Stelle zwei Stühle gegenüber. Der eine ist für dich, auf den anderen legst du ein großes Blatt mit dem Namen der Person, die du gerne loslassen möchtest. Jetzt nimmst du dir einen kleinen Karton, Stift und kleine Zettel und setzt dich auf deinen Stuhl. Jetzt schreibst du auf je einen Zettel, woran dich diese Person hindert:

Beispiele:

- Mama, ich kann meinen Selbstwert nicht entfalten, weil du mir immer vermittelt hast, ich würde nichts taugen.
- Dirk, ich kann keine neue Beziehung eingehen, weil ich noch an dir festhalte.

Jeden beschriebenen Zettel gibst du in den kleinen Karton. Kommen Gefühle in dir hoch, weinst du? Lass alles zu, jede einzelne Emotion. Beobachte dich einfach dabei. Stell dir vor, dass du die ganzen Emotionen mit in diesen Karton gibst. Wenn dir nichts mehr einfällt, nimmst du den Karton und stellst ihn auf den Stuhl gegenüber. Sprich dabei folgende Worte:

„Ich gebe dir alles zurück, was ich in unserer Beziehung für dich getragen habe. Danke, dass du mir hilfst, die Situation loszulassen."

Lass den Karton mindestens 20 Minuten auf dem Stuhl stehen. Dann nimmst du alle kleinen Zettel und verbrennst sie. Die Asche kannst du wunderbar in der freien Natur zerstreuen.

Diese Übung hat mir viel Freude bereitet. Achte beim Verbrennen bitte darauf, dass du sorgsam mit dem Feuer umgehst. Ich habe für solche Fälle einen alten Blecheimer, der mir in vielen Seminaren schon treue Dienste geleistet hat. Manchmal gebe ich auch noch eine Prise meiner Lieblings-Räuchermischung hinzu. Aber das ist Geschmackssache.

Loslassen von Dualseelen

Jeder, der hier schon mal durchmusste, weiß, wovon ich spreche: dem absoluten Super-GAU. Dualseelen sind ein Thema für sich, viele große Autoren haben sich damit beschäftigt und wirklich tolle Bücher dazu geschrieben. Deshalb will ich hier auch nur wirklich auf das Loslassen eingehen.

Ich konnte nie wirklich etwas mit Dualseelen anfangen. Zahlreiche meiner Klienten kamen zwar mit dieser Problematik zu mir, doch bei vielen konnte ich guten Gewissens sagen: „Keine Sorge, das war nicht deine Dualseele."

Eine Dualseele zu finden ist wie ein Sechser im Lotto. Das war mir klar. Aber dass die Geistige Welt mir meine schickte, und auch noch direkt in meinen Laden, das war schon allerhand. Dualseelen-Treffen hat nicht immer etwas mit Liebe und Beziehung zu tun, aber wehe, wenn...

Es gibt kaum eine Begegnung, die nicht irgendwann nach Loslassen schreit. Warum? Mit seiner Dualseele verbindet man tiefe Seelenabsprachen, die einen oft an seine Grenzen bringen. Gibt es da ein wirkliches Loslassen? Aus meiner Praxis heraus ein klares Nein. Aber die gute Nachricht: Es gibt tatsächlich eine Übung, die es leichter macht.

Diese Übung habe ich von meiner Bekannten Andrea de Jesus Almeida, die sie für sich selbst mit Erfolg praktiziert hat. „Das kann ich doch auch", war meine Motivation, es für mich auszuprobieren.

Sage dir 21 Tage vor dem Schlafengehen und beim Aufwachen folgende Sätze auf:

„Liebe Dualseele XYZ (Name einsetzen), ich danke dir für unsere Begegnung. Ich habe verstanden, dass unsere Seelen nicht im gleichen Entwicklungsstadium sind. Du hast noch nicht erkennen dürfen, dass wir aus der gleichen Essenz gespeist sind. Du bist im Moment nicht gut genug für mich."

Stopp! Wenn sich in dir jetzt Widerstand regt, mache dir bitte Folgendes bewusst: Das ist keine Herabminderung deiner Dualseele, sondern das Ziehen einer Grenze. 21 Tage deshalb, weil die Gehirnsynapsen so lange brauchen, um sich neu zu verbinden.

Mein Fazit:

Es fiel mir am Anfang schwer, diese Worte auszusprechen. Ich kämpfte auch damit, ob ich überhaupt loslassen wollte. Siehe da, an Tag 7 war ich an dem Punkt, dass ich Freude daran hatte und es mir leichtfiel.

Es lohnt sich, es auszuprobieren – der tiefe Schmerz in mir wurde täglich weniger...

Auch habe ich mit einer lieben Kollegin, Antara Reimann, lange über das Thema Dualseelen diskutiert. Mit ihrer ausdrücklichen Zustimmung möchte ich Folgendes hinzufügen:

Eine Dualseele ist ein Teil von mir. Will ich meine Dualseele lieben, heißt das, mich selbst zu lieben. Das genau ist die Problematik in einer Dualseelen-Beziehung, und deshalb ist es ein ständiges Auf und Ab.

Leider einleuchtend, oder?

Danke, Antara, und bis nächstes Jahr in Glastonbury...

Selbstliebe oder selbstverliebt?

Schreibblockade! Mal wieder, und das Schlimmste, was einem kurz vor Abgabeschluss passieren kann. Innerlich schimpfte ich mit mir. Selbstliebe, genau mein Thema! Was für ein Clown hatte mich da gebissen? Und überhaupt, Leute mit Selbstliebe sind arrogant. Ätsch! Leute ohne Selbstliebe sind bescheiden, nett und haben einfache Themen. Das sind doch die besseren Menschen, sie sind wenigstens noch mit beiden Beinen auf der Erde.

Wie immer, wenn ich so einen Motzkuh-Tag (Emmas Lieblings-Bilderbuch übrigens) hatte, haderte ich auch mit der Geistigen Welt. Beim automatischen Schreiben bekam ich heute nichts, aber auch gar nichts zustande. Dabei wollte ich doch von „denen da oben" wissen, warum Selbstliebe bei uns oft einen negativen Beigeschmack hat.

Mein geduldiger Mann hörte sich mein Gemurre einige Zeit an, dann hielt er es nicht mehr aus und überredete mich, zum Italiener zu gehen. Okay, Essengehen zieht immer. Im Lokal wollte Emma ausgerechnet an den Tisch, den ich nicht leiden kann, da er mir zu dicht am Nachbartisch steht. Natürlich setzte sich unsere Tochter durch. Die vier Damen am Nachbartisch waren ziemlich laut. Ob wir wollten oder nicht, wir bekamen alles mit. Seufzend versuchten wir, nicht hinzuhören, doch es war unmöglich. Doch plötzlich wurde ich hellhörig, denn folgender Dialog sprang mich regelrecht an:

Frau 1:

„Ich sagte zu ihm, du darfst dich ruhig dazustellen. Aber Junge, du könntest mein Sohn sein."

(Gekicher am ganzen Tisch.)

Frau 1:

„Naja, bei meinem Fahrgestell. Ich sehe mit meinen langen Haaren und meinem Gesicht toll aus für 51 Jahre. Und zwar nicht nur von hinten, sondern auch von vorne..."

Frau 2:

„Ja, wir machen etwas aus uns. Mir ist es wichtig, auch in meinem Alter noch bewundernde Blicke zu erhaschen. Ungeschminkt würde von uns (hier spöttischer Seitenblick auf die Autorin) keiner den Müll runterbringen."

Geschafft! Spätestens jetzt hatten sie meine völlige Aufmerksamkeit, auch wenn ich so tat, als wäre diese nur bei meiner Pizza.

Frau 1:

„Hach, wer würde mit 51 Jahren nicht gerne so aussehen wie ich..."

Der Wortwechsel ging in dieser Leier mindestens noch zwanzig Minuten weiter. Ich hätte am liebsten laut gelacht. Nicht über den Dialog, sondern weil die Geistige Welt mir dieses Kino regelrecht geschickt hatte und es mir wie Schuppen von den Augen fiel:

Diese Frauen lieben sich nicht, sie sind selbstverliebt in ihr Äußeres. Da zählen nur Äußerlichkeiten. Allein die Tatsache, dass das Alter von 51 jahren ständig betont wurde, zeigte den Kampf gegen das Altern an. Stopp, dagegen sage ich nichts. Leben und leben lassen, warum auch nicht mit ein wenig Eitelkeit und sorgsamem Achten auf das Äußerliche. Doch selbstverliebt in sein Äußeres zu sein, ist nicht die Selbstliebe, die die Geistige Welt meint. Natürlich, im Kopf war mir das klar. Aber das Gespräch der Damen am Nachbartisch war meine Holzhammernarkose, um wirklich zu verstehen. Diese hatten das Gefühl, alles für ihr Äußeres tun zu müssen, um Anerkennung und Liebe im Außen zubekommen. Genau davon wollen wir ja mit der Selbstliebe weg.

Um Hape Kerkeling zu zitieren (aus seinem Buch: Ich bin dann mal weg):

Erkenntnis des Tages:

Jetzt weiß ich, was Selbstliebe nicht ist. Ob mich das meinem dicken Hintern gegenüber friedlicher stimmt, weiß ich noch nicht, aber: Ich muss in die Tiefe gehen. Diese ICH-HALTE-MICH-SELBST-FÜR-WERTLOS-KRUSTE aufbrechen. Der neue Impuls ist da!

Die rosarote Brille

Frisch verliebt! Du gehst auf Wolke sieben, freust dich auf die ersten Dates und hast Schmetterlinge im Bauch. Du fühlst dich unwiderstehlich und könntest die ganze Welt umarmen. Das fällt deiner Umwelt sofort auf. Du siehst gut aus, deine Augen funkeln, du bist heute so anders – sind meistens nur einige der Aussagen. Es ist die Phase, in der wir kaum Schlaf brauchen, jeden neuen Morgen mit einem Lächeln begrüßen und die Hormone Achterbahn fahren.

Wir finden uns selbst einfach „saugut", und so gehen wir auch durch die Gegend.

Moment! Brauchen wir hierfür eigentlich den Traummann oder die Traumfrau? Kann man sich auch selbst so einstimmen, dass man genau dieses „Alles ist rosa" seinen Hormonen vermittelt? Das fand ich spannend.

Wissenschaftler drücken es so aus:

Während jene Gehirnareale, die Dopamin produzieren, angekurbelt werden, wann immer frisch Verliebte an ihren Partner denken, sind andere Areale des Gehirns regelrecht ausgeschaltet. Dazu gehören vor allem jene Regionen, die für negative Emotionen und sozialkritisches Verhalten verantwortlich sind. Die rosarote Brille trübt somit tatsächlich den Blick für die Realität, und der Partner erscheint selbst dann makellos und fehlerfrei, wenn er schräge Töne zum Lieblingssong produziert.

Quelle: Apotheken-Rundschau 2015

Jetzt war doch alles klar, oder? Ich brauchte eine rosarote Brille, um mich anzusehen. Leider kann man diese Zauberbrille nicht kaufen. Könnte man aber dieses Gefühl stimulieren und auf sich selbst projektieren? Das fand ich spannend, und es roch regelrecht nach einem Selbstversuch. Ja, ich weiß, klingt verrückt. Aber doch auch irgendwie logisch, oder nicht?

Wie konnte ich das anstellen? Verliebe dich jeden Tag aufs Neue in dich? War das ein Ziel? Für mich klingt es schon etwas leichter zu sagen: Verliebe dich jeden Tag aufs Neue in dich und das Leben. Eine Herausforderung. Wobei mir sofort klar war, dass dort die Energie steckt. Frischverliebte haben immer Energie, Power und Ideen. Auch wenn sie meistens nur dem neuen Partner gelten. Aber konnte ich eine gleichwertige Partnerschaft mit mir eingehen? Weg von meinen Schwächen, Fehlern und Makeln?

Halt! Warum dachte ich sofort negativ, wenn es um mich ging? Da lief gerade etwas völlig schief. Nein, ich erspare dir die Aufgabe, mindestens fünf Dinge aufzuschreiben, die DU an dir gut findest. Warum? Ich habe es probiert. Ich saß ewig da, und als ich meine fünf Punkte hatte, war ich völlig demotiviert.

Das konnte nicht Ziel der Übung sein. Es musste einfacher, leichter gehen. Klar kann ich meinem Körper jeden Tag danken, dass er so ein Wunderwerk ist. Mein Herz ist ein Hochleistungssportler, das Zusammenspiel in meinem Körper großes Kino. Aber Hand aufs Herz: Das reißt niemanden vom Hocker. Okay, die Kraft der Segnung dazunehmen. Ich segne meinen Körper und danke ihm. Ich glaube wirklich, dass das meinem Körper gutgetan hat, aber der Durchbruch war es leider noch nicht.

Mir kam eine völlig belanglose Begebenheit in den Sinn, die ich schon längst vergessen glaubte. Vor Jahren lag ich mal im Urlaub am Strand und lernte eine Frau in meinem Alter kennen. Unsere Kinder waren damals gleich alt, und wir verstanden uns auf Anhieb, hatten viel zu erzählen. Sie trug eine extravagante Brille mit orangefarbenen Gläsern. Ich probierte sie einmal an und war hin und weg. Die Welt sah gleich viel freundlicher aus. Leider fiel mir das erst Jahre später wieder ein, und ich hatte mir gerade eine Sonnenbrille mit dunkel getönten Gläsern gekauft. Aber es musste einen Grund haben, warum mich das ausgerechnet vierzehn Jahre später beschäftigte, oder?

Alles rosa sehen, das Glas ist halbvoll statt halbleer? Friede, Freude, Eierkuchen-Philosophie? Das war sogar mir zu esoterisch. Rein mit Gedankenkraft, sich in mich zu verlieben, für mich nicht wirklich machbar. Oder doch? Packte ich es am falschen Ende an?

Mal langsam. Fakt war, der Mensch, der es bisher am längsten mit mir ausgehalten hatte, war ich SELBST. Sollte ich mir dafür schon gratulieren? Diese Beziehung würde ja auch noch einige Jährchen halten. „Kunststück" hörte ich meinen inneren Schweinehund rufen, „aus der Nummer kannst du ja auch nicht weglaufen." Da hatte meine Mathilda natürlich recht.

Während ich so grübelte, schoss mir immer wieder ein Gedanke durch den Kopf. Ich wollte ihn wegdrücken, schaffte es aber nicht. Also schrieb ich ihn auf:

Behandele dich selbst so, als wärst du liebenswert.

Hallo, ich wollte von meinem Partner jeden Tag so behandelt werden, warum sah ich dann keinen Grund, mich selbst so zu behandeln?

Wie war ich für mich liebenswert? Was konnte ich tun, damit es so ist?

Okay, ich probierte es mit der schwersten Übung der Welt. Für mich war sie ein Albtraum, der aber so lehr- und hilfreich war, dass ich es kaum fassen konnte.

Das Zauberwort heißt Gedankenhygiene.

Ich kontrollierte wirklich drei Tage lang ganz bewusst meine Gedanken. Immer wenn ich einen negativen Gedanken über mich selbst entdeckte, schrieb ich ihn bewusst auf eine

Tafel, um ihn dann mit dem Schwämmchen bewusst wieder wegzuwischen. Was soll ich sagen? Wir haben ca. 70 000 Gedanken am Tag. Ich brauchte gefühlte 5000-mal die Tafel. Es war erschreckend zu erkennen, wie beiläufig – quasi im Nebensatz – ich mich abwertete. Wenn man sich überlegt, wie mächtig das gesprochene Wort ist, wundert mich gar nichts mehr.

Das war die härteste und schwerste Übung für mich. Aber absolut lehrreich, und das, obwohl ich die Tafel schon am zweiten Tag am liebsten an die Wand geworfen hätte. Und hätte mir vorher jemand gesagt, wie schlecht ich unterbewusst mit mir selbst umging, ich hätte es niemals geglaubt.

Es hat mich verändert. Ich achte bewusster auf das gesprochene Wort, habe meinen Umgangston zu mir selbst zu 100 Prozent verbessert und sehe mich mit anderen Augen. Unglaublich!

Einziger Nachteil: Diese Übung ist sehr zeitaufwändig! Aber dafür setzt sie mir die rosa Brille auf, und das ist unglaublich heilsam.

Wie Angela mich vom Hocker riss

Angela kam einst als Schülerin in mein Leben, ziemlich schnell wurde eine tiefe Freundschaft daraus. Insbesondere da wir beide ein Mutter-Thema haben...

Eines Morgens schickte sie mir folgendes Channeling per Mail:

Du bist geboren aus dem Licht der Liebe. Du bist vollkommen ohne Widerspruch.

Sei du selbst.

Perfekt ist nicht vollkommen. Du brauchst nicht perfekt zu sein, denn du bist vollkommen.

Du bist das Licht, die Liebe, die Freude. Du bist die Harmonie und das Leben.

Du bist so vieles.

In der Heimat bist du zu Hause, auf der Erde nur Gast.

Du bist willkommen und geliebt.

Warum zweifelst du?

Erzengel Michael

Unglaublich diese Durchsage, oder? Ich hatte Gänsehaut, und für mich war alles auf den Punkt gebracht. Ich finde, wenn man dieses Channeling mehrmals in Ruhe Zeile für Zeile liest, wird so vieles offensichtlich.

Zeigt es nicht, wie genau die Geistige Welt Selbstliebe definiert? Doch, genau dahin trägt es uns. Als ich es auf Papier abgeschrieben hatte, war mir erst bewusst, wie intensiv diese Worte nachwirkten und wie viel Leichtigkeit darin war.

Danke Angela, dass du uns alle daran teilhaben lässt.

Ihr findet Angela unter

www.jenseitskontakte-darmstadt.de

Es lohnt sich!

Ich bin mein schlimmster Feind

Das war die tiefste Erkenntnis, nachdem ich drei Tage meine Gedanken kontrolliert hatte. Ich hatte eine Programmierung in mir gefunden, die zum Haareraufen war:

Jede Schwäche von mir nehme ich auseinander, beschäftige mich ständig damit, geißele mich und achte darauf, dass ich das alles bis in meine Zellkerne programmiere. Das gesprochene Wort ist mächtig – diese Macht, gerade in Bezug auf mich selbst, beschäftigte mich sehr. Hielt ich mich wirklich bewusst klein? Ja, tat ich. Aber was war der Anfang, wo die Ursache?

Warum erlaubte ich mir selbst keine Fehler, warum wollte ich immer so perfekt wie möglich sein?

Perfekt ist nicht vollkommen...

Dieser Satz aus dem Channeling war bezeichnend.

Eine Freundin sagte einmal zu mir: „Als ich dich kennenlernte, faszinierte mich deine selbstbewusste Ausstrahlung. Diese Unbekümmertheit und die Lebensfreude...“

Aha, nach Außen gab ich also ein anderes Bild ab. Wie konnte es sein, dass ich mich immer so klein fühlte und eine völlig gegensätzliche Ausstrahlung hatte? Fragen über Fragen taten sich auf.

Was mir jetzt intensiv bewusst war:

Meine harte Selbstkritik ging schon Jahre so. Alles ist Schwingung, mein Körper nahm also mit allen Bestandteilen meine Kritik auf. Wunderte ich mich wirklich über meine Hautprobleme, mein Gewicht? Irgendwie musste mein Körper ja reagieren. Okay, ein Fazit zog ich schon: Loben statt kritisieren! Achtsam sein, was ich von mir gebe. Versuchen, meine guten Seiten (ja, die habe ich auch) zu sehen.

Aber was war mit dem alten Müll in mir? Wie konnte ich diese Informationen aus meinem Körper bekommen?

Unser Körper besteht zu mindestens 80 Prozent aus Wasser. Spätestens seit Emotos Forschungen wissen wir, dass Wasser programmierbar ist. Natürlich könnte ich jetzt einen Zettel unter mein Glas legen mit der Aufschrift:

ICH BIN VOLLKOMMEN – SO, WIE ICH BIN!

Ein Weg, aber behagte er mir? Unter meinem Glas liegt meistens die Blume des Lebens, sollte da jetzt ein Zettel dazu? Konnte der Wunder bewirken? Zumindest war ich bereit, es auszuprobieren.

Mein Fazit hierzu:

Ich bin mir nicht sicher, ob es etwas bewirkt hat. Fakt ist allerdings, dass ich allein durch den Zettel diesen Satz in meinem Hirn aufgenommen habe. Ich probiere es inzwischen mit „Ich bin schlank“... Ich werde euch berichten.

Gelöscht habe ich schließlich mit meiner Energiefäden-Methode. Ich werde euch hier den Ablauf genau aufschreiben. Einziger Nachteil: Du brauchst eine weitere Person, allein ist das nicht durchführbar. Die Person muss dafür nicht unbedingt spirituell sein, sondern offen und bereit für Neues.

Setzt euch mit recht wenig Abstand gegenüber. Die Person, die dich behandelt, nimmt jetzt deine beiden Mittelfinger jeweils in ihre Hand und bittet dabei die Geistige Welt, den seelischen Altmüll und die dazugehörigen Blockaden aus dem gesamten Körper inklusive Zellerinnerung zu löschen. Dann die Energie einfach fließen lassen und die Geistige Welt bitten, die abgezogene Energie ins Universum zur Transformation abzugeben. Bitte nach jeder Minute eine kurze Pause machen, und die Energie nicht länger als fünf Minuten über den Körper laufen lassen. Dann aufstehen und kontrollieren, was sich körperlich verändert hat. Normalerweise müssten die Beine jetzt richtig leicht und die Atmung freier sein. Wenn das der Fall ist, lässt du beide Ringfinger von deinem Gegenüber in die Hand nehmen. Dabei soll er/sie folgende Bitte an die Geistige Welt äußern: „Bitte emotionalen Stau aus dem Körper lösen!

Achtung:

Hier beginnen viele Menschen zu husten oder auf sonstige Art körperlich zu reagieren. Immer wieder absetzen, aber hab den Mut und geh da durch. Hinterher fühlt man sich wie befreit. Es ist, als würde man fliegen...

Der Liebesknoten

Juchu! Das war eine Übung für die Tochter meines Vaters. Sie war locker, flockig und sogar hilfreich. Auch wenn ich am Anfang dachte, sie wäre irgendwie schräg, probierte ich sie aus. Also, erst ausprobieren, dann urteilen!

Was du brauchst: etwas Wolle in deiner Lieblingsfarbe.

Nimm drei gleich lange Wollfäden und flechte sie. Packe diese Schnüre am besten in deine Handtasche. Wann immer du unterwegs bist und dich von Menschen in deinem Umfeld geliebt fühlst, mach einen Knoten in dein Band und speichere bewusst mit diesem Knoten Liebe ab. Wann immer du das Gefühl hast, nicht liebenswert zu sein, holst du das Band heraus. Erinnere dich an diese Situation, nimm das Band in die Hand und atme bewusst in deinen Bauch. Spüre in diese Erinnerung hinein, und wenn du jetzt das Gefühl hast, diese Energie aus der Situation zu benötigen, löse einen Knoten aus dem Band. Du legst dir in dieser Schnur quasi Liebesenergie auf Vorrat an. Das klingt schrägt, oder?

Mein Fazit:

Ich habe das Band heute noch. Wenn ich einen Knoten benötige und öffnen muss, tauche ich in eine andere Welt ein. Es ist hilfreich, diesen Anker zu setzen, und es hilft, den Kurs in Selbstliebe zu halten. Also nicht wundern, wenn du in meinen Händen ein türkisfarbenes Band siehst und ich mal wieder eifrig versuche, darin einen Knoten zu lösen.

Du kennst ja jetzt mein Geheimnis dahinter.

Wieder was gelernt

32 Grad im Schatten. Ich lag mit meiner kleinen Tochter, einer Freundin und deren Sohn im Schwimmbad. Meine Freundin rauchte, unsere Kinder spielten ein Stück entfernt von uns. Plötzlich schrie der Sohn meiner Freundin wie am Spieß und kam auf uns zugerannt. Wir schauten nach ihm: Wespenstich! Meine Freundin zog den Stachel raus und ging mit ihrem Sohn zum Bademeister.

Ich blieb mit Emma zurück. Dabei ein überlauter Kommentar der Frau am Nachbarplatz: „Da könnt ich ko... Dieses asoziale Pack raucht erst aus und kümmert sich dann um das Kind. Manche Weiber sollten keine Kinder haben, und denen sieht man es auch noch gleich an."

Was? Ich schaute mich um. Sie meinte tatsächlich uns, beleidigte uns. Ich war sauer, regte mich innerlich völlig auf. Woher nahm diese Frau sich das Recht heraus, andere so zu beleidigen? Nur weil meine Freundin rauchte? Ich war fassungslos und merkte, wie es in mir tobte. Ich war beleidigt, meine Selbstliebe hatte einen Riesendämpfer erlitten. Okay, ich gebe es zu, ich fühlte mich völlig klein und schickte meine Selbstliebe in den Keller. War alles umsonst gewesen, was ich bisher gelernt hatte? Sollte ich der Dame das Passende sagen?

Während ich noch überlegte, kam meine Freundin zurück. Sie sah auf den ersten Blick, dass etwas nicht stimmte. Ich erzählte es ihr, und sie tat das einzig Richtige: Sie lachte lauthals los. Ich konnte nicht anders, ich lachte mit. Mein gekränktes Inneres Kind wollte gar nicht mehr aufhören zu lachen. Die Frau auf der Nachbardecke schaute uns wütend an, worauf wir noch mehr lachen mussten.

„Silke, warum regst du dich über so etwas auf? Du weißt doch, dass es nicht so ist", sagte meine Freundin später ruhig zu mir. Sie hatte recht! Aber mein Ego hatte mir am Anfang völlig im Weg gestanden und auch das Gefühl: Ich will doch von jedem geliebt beziehungsweise gemocht werden. Hatte es mich wirklich zurückgeworfen beim Thema Selbstliebe? Nein, ich glaube, es zeigte mir nur auf, wo ich mich noch mit befassen musste:

Der Umgang mit Kritik. Hin und wieder gibt es eine berechtigte Kritik an mir als Person, ganz klar. Aber sie beleidigt nicht mich als Person, sondern eine Handlung. Hier muss ich zuerst unterscheiden. Werde ich als Silke kritisiert, weil ich so aussehe, wie ich aussehe, oder jemandem nicht sympathisch bin, oder habe ich Mist gebaut und meine Handlung wird kritisiert?

Mit Letzterem sollte ich mich ruhig und sachlich befassen, versuchen, es aus beiden Sichtweisen zu sehen.

Bei der ersten Kritik an mir als Person:

Diese kann ich mir anhören, aber nicht an mich heranlassen. Das Lachen war befreiend, es löste so viel. Es war der absolut richtige Umgang. So sollte es sein.

Bring dein Inneres Kind zum Lachen, breite die Flügel aus, und sei du selbst! Du bist nämlich wunderbar…

Muss ja mal gesagt werden

Hier noch einige Tricks, um stärker in die Selbstliebe zu kommen:

- Lächele dir sooft du kannst im Spiegel zu. Du hast es verdient, und es gibt einen Energieschub.
- Sei dein Freund und nicht dein Feind! Achte auf den Umgang mit dir.
- Nimm dir Zeit für dich und deine Bedürfnisse. Rund um die Uhr für andere da zu sein macht leer. Nur wenn du achtsam mit dir umgehst, kannst du dich gut fühlen. Sich gut zu fühlen ist eine wichtige Grundlage zur Selbstliebe.
- Zieh deine Lieblingsklamotten an, style dich und lass dich fotografieren. Häng dieses Bild an deinen Spiegel. Lach dieser Person zu und sage stolz: Das bin ich!

Das Ende, das eigentlich ein Anfang ist

Es hatte sich etwas verändert. Ich fühlte mich wie neugeboren. Es arbeitete in mir, und ich konnte mir im Spiegel fröhlich zuzwinkern. Was war los? Und, vor allem: Würde es anhalten? War es das berühmte Tüpfelchen auf dem I? Zahlreiche Versuche und Übungen hatten meinen Weg begleitet. Es hatte Fortschritte (manchmal gering), aber auch Rückschläge gegeben. Nicht jede Übung hatte zu mir gepasst. Und jetzt sollte es so einfach sein? Aber langsam, alles von vorne.

Schon lange faszinierten mich Schwitzhütten. Für mich als absoluter Non-Sauna-Geher natürlich auch mit gewissen Ängsten behaftet. Mein ewiger Kampf mit dem Gewicht und meine Problemhaut trugen auch nicht gerade dazu bei, mich zu überwinden. Je mehr ich aber von Dritten über Schwitzhütten hörte oder las, desto „angefixter" wurde ich. Vor einem Jahr zu Weihnachten fasste ich mir ein Herz: Ich verschenkte an drei meiner Lieblingsmädels je einen Gutschein für eine Schwitzhütte bei Sabrina Dengel in Vorarlberg/Österreich. Ich kenne Sabrina jetzt schon einige Jahre persönlich, habe gesehen, wie fantastisch sie arbeitet, und ich mag ihre Art. Mein Gefühl sagte mir, wenn Schwitzhütte, dann bei Sabrina.

Achtzehn Monate, nachdem ich die Gutscheine verschenkt hatte, war es so weit: Der große Tag war da. Ich war ängstlich und aufgeregt. Hielt ich das alles durch? Was erwartete mich wirklich? Ich war nicht allein, ich hatte es super getroffen. Mein Mann und sage und schreibe sieben Mädels, die ich alle sehr mochte, waren ebenfalls mit von der Partie. Dazu kamen noch zwei Frauen, die bei Sabrinas Mann Marcel einen Trommel-Workshop gemacht hatten.

Sabrina holte uns im Hotel ab, und gemeinsam ging es hoch hinauf in die Berge, wo Sabrina einen festen Schwitzhüttenplatz hat. Mein Herz klopfte, und ich fragte mich, ob ich kneifen sollte. Da kam mir doch tatsächlich ein gelber Mini entgegen, auf dem das Wort *Glück* auf der Fahrertür stand. Wenn das kein Zeichen war. Ja, ich weiß: Meine Programmierung schlug wieder voll zu. Oben angekommen, fragte ich die anderen, ob sie das Auto registriert hätten. Natürlich hatte es keiner auf dem Schirm.

Dichte Wolken verbargen den Blick auf die Gipfel, trotzdem hatte der Platz etwas Malerisches. Jeder von uns suchte sich auf dem Steinplatz drei Steine aus: Einer für Dinge, die wir LOSLASSEN wollten, einer für unsere Wünsche (na, habe ich mir SELBSTLIEBE gewünscht, was meint ihr?) und einen, dem ich eine ganz private Bedeutung beigab, über die ich nicht unbedingt schreiben möchte. Wir legten unsere erwählten Steine auf den vorgegebenen Feuerplatz und errichteten dann unter Sabrinas Anleitung eine Feuerstelle. Danach deckten wir die Hütte mit luftdurchlässigen Decken ein.

Sabrina nahm sich viel Zeit, uns blutigen Anfängern alles zu erklären. Schließlich brannte unser Feuer, und der Ort hatte mit jedem Teil, das für die Schwitzhütte vorbereitet war, eine höhere Schwingung angenommen. Es war unglaublich bewegend, und das, obwohl wir noch gar nicht in der Hütte waren.

Die Stunde der Wahrheit war gekommen. Die erste Überwindung war für mich, mich vor allen auszuziehen und mich in mein Saunatuch zu hüllen. Alle anderen schienen damit viel lockerer umzugehen. Also los, die erste Hürde war genommen. Marcel, unser Feuerhüter, räucherte uns aus, und dann ging es auch schon in die Schwitzhütte. Sabrina schenkte uns einen besonderen Moment, wir durften schon bei der Eröffnungszeremonie dabei sein. Es war ein seltsames Gefühl. Wir saßen um die Feuerstelle herum, der Feuerhüter brachte die ersten glühendheißen Steine in die Hütte und verschloss dann die Tür. Wir saßen in völliger Dunkelheit auf der Erde und hörten Sabrinas kraftvoller, berührender Stimme zu, die die Spirits einlud, und lauschten den Trommelschlägen hierzu. Die Trommel berührte mich sofort im Herzen, es war wie eine energetische Dusche.

Die Tür öffnete sich, und Marcel brachte die nächsten Steine. Es wurde ernst, die erste Runde begann. Wir saßen in völliger Dunkelheit, das Wasser wurde über die Steine gegeben, und der heiße Dampf nahm mir den Atem. Wütend fragte ich mich, warum ich mir das antun musste. Ich atmete den heißen Rauch – vermischt mit den würzigen Kräutern – ein und presste meine Hände auf die kühle Erde. Aufgeben wollte ich nicht, aber das im Stockdunkeln auszusitzen, war nicht einfach. Da ertönte Sabrinas Stimme. Ihre Anweisungen waren klar, und schon stimmten wir alle zusammen die ersten Lieder an. Tatsächlich, das lenkte ab, brachte mich dazu, mich an diese feuchte Hitze zu gewöhnen. Schon bald rann der Schweiß in Strömen an mir herunter, und ich überlegte aufzugeben. Aber nein, ich wollte wenigstens eine Runde schaffen.

Sanft führte Sabrina uns an das Thema der ersten Runde: Verletzungen unserer Seele loslassen, schmerzende Ketten lösen. Jede Schwitzhütte hat ja immer ein eigenes Thema. Sabrina hatte unseres gut getroffen. Ich konnte tatsächlich spüren, wie die Hitze und die damit verbundene Reinigung meinen Loslass-Prozess unterstütze. Es spielte sich Unglaubliches in mir ab. Ich glaube, man kann das nur verstehen, wenn man sich selbst in einer Schwitzhütte an seine Grenzen gebracht hat. In diesen Hütten verliert man jedes Zeitgefühl.

Schon war die erste Runde zu Ende. Ich konnte und wollte nicht aufhören, es hatte mich etwas Neues erfasst, und ich spürte, dass ich zur richtigen Zeit am richtigen Ort war. Ein Jahr zuvor hätte ich das alles bei Weitem noch nicht erfassen können, und ich war mir nicht sicher, ob ich jetzt alles erfasst hatte. Die Tür wurde geöffnet, und wir musterten uns alle verstohlen. Keiner ging aus der Hütte. Wir genossen den Luftzug, die Kühle, die sanft unsere Glieder streiften.

Auf zur zweiten Runde! Wieder heiße Steine, wieder duftende Kräuter. Die Tür ging zu, und die Hitzewelle überrollte unsere eh schon schwitzenden Körper. Schuldgefühle abgeben. Ich hörte einen lauten Ton, der tief aus dem Inneren zu kommen schien. Es war tatsächlich ein Ton, der aus mir hochgestiegen war. Es überraschte und befreite mich zugleich. Ich musste entsetzlich husten, wollte es unterdrücken, doch der aufmerksamen Sabrina entging nichts. „Lass es raus!“, rief sie mir zu. Und ich hustete und hustete. Tief in meinem zweiten Chakra konnte ich ein seltsames Zittern ausmachen, doch bevor ich mich näher damit befassen konnte, begann ich entsetzlich zu würgen, ich hatte das Gefühl, ein Stück Lunge würde sich lösen. Sabrina gab auch hierzu beruhigende Anweisungen, und ich ließ es einfach zu. Und siehe da: Der Husten war so schnell weg, wie er gekommen war, und ich fühlte mich federleicht. Alles verschwamm. Ich genoss die Lieder, die der Schwitzhütte ein würdiges Flair verliehen, und spürte, wie ich in einen Prozess ging.

Als nach dieser Runde die Tür wieder aufging, überlegte sich mein innerer Schweinehund, rauszugehen. Da waren auch ganz niedrige Beweggründe dabei. Wenn ich vor den anderen rausging, konnte ich mich alleine umziehen. Nein, schrie es in mir... Ich blieb sitzen und machte tatsächlich alle vier Runden mit. In einer Runde gab Sabrina uns eine Flasche mit Rosenöl, und dieser Duft und das Gefühl, mich pur und unverfälscht zu spüren, habe ich wohl für immer miteinander verknüpft.

Nach der vierten Runde verließen wir alle die Schwitzhütte, fielen auf den kühlen Rasen und sogen die kühle Luft in uns auf. Genau in diesem Moment löste sich die Wolkendecke, und wir hatten eine unglaubliche Aussicht auf den schönsten Gipfel: den Gottvater mit 2438 Höhenmetern. Und es war eine weitere Premiere: Es war mir egal, wie ich aussah und wie die anderen mich wahrnahmen. Ich war bei mir, in meiner Mitte. Es ging mir nicht mehr darum, es allen recht zu machen. Ich fühlte mich so unglaublich frei, gereinigt, und es hatten sich Tonnen von Seelenmüll in mir gelöst.

Es war bewegend, wir schwiegen einen langen Moment. Ich spürte eine tiefe Verbundenheit mit den Menschen um mich herum, und mir wurde bewusst, dass alles immer zur richtigen Zeit zu uns kommt. Als ich beschloss, an mir und den Themen Selbstliebe und Loslassen zu arbeiten, quasi am Anfang meiner Reise, wäre die Schwitzhütte niemals so von mir angenommen worden wie jetzt, in diesem Moment. Ich hatte nämlich eins begriffen: Man muss nicht nur im Kopf wollen, sondern Körper, Geist und Seele müssen im Einklang sein. Man muss Prägungen, Muster und den inneren Schweinehund erkennen. Ob es dafür immer eine Schwitzhütte braucht? Ich weiß es nicht. Wir sind individuell. Was für mich richtig ist, kann für dich völlig abwegig sein. Für mich war das nicht die letzte Schwitzhütte bei Sabrina Dengel. Da bin ich mir sicher.

Kleine Anmerkung am Rande: Wir waren alle Tage nach der Schwitzhütte noch in einem unglaublichen Prozess. Es arbeitete in uns und öffnete einigen die Tür zu ihrer Intuition noch viel stärker. Sabrina: Wir kommen alle wieder!

Loslassen und Lieben sind zwei Paar Schuhe

Meine Freundin Jeanne Ruland und ich führten mal wieder ein Dauergespräch. Ich beklagte mich, wie schwer mir das Loslassen fallen und dass mich das Buch vor neue Herausforderungen stellen würde. Die Geistige Welt wusste schon, welches Thema sie mir servieren musste. Jeanne lachte nur, und dann sagte sie einen Satz, der sich tief in mir eingeprägt hat. Einen Hinweis, den ich als sehr wichtig empfinde und der sofort vieles leichter macht:

„Einen Menschen loslassen bedeutet nicht, ihn nicht mehr zu lieben. Es ist wichtig, die Liebe fließen zu lassen und nicht zu versuchen, dieses tiefe Gefühl zu bekämpfen."

Mit diesem Satz öffnete Jeanne eine Tür in mir. Hatte ich doch „Loslassen" gleichgesetzt mit „Nicht mehr lieben". Als mir das bewusst wurde, fühlte ich mich sofort freier. Ich musste nicht die Liebe loslassen, nein, die Liebe fließen zu lassen liegt in der menschlichen Natur. Das war für mich ein Ansatzpunkt. Jeanne empfahl mir noch, mich in die Blume des Lebens zu stellen. Das probierte ich aus, woraus folgende Übung entstand:

Suche dir im Internet die Blume des Lebens und drucke das Foto auf einem DIN A4-Blatt aus. Sorge dafür, dass du in einem ruhigen, geschützten Raum bist. Wenn du möchtest, lege ruhige Musik auf. Beginne nun, dich über deine Atmung zu zentrieren. Achte darauf, dass die Atemzüge wirklich tief sind. Wenn du das Gefühl hast, ganz bei dir zu sein, sage laut: „ICH BIN!“ Spüre hinein, wie sich das anfühlt. „ICH BIN“ ist ein fast magisches Wort, um Zugang zu unserer eigenen Seele zu bekommen. Stelle dich jetzt ganz bewusst auf die Blume des Lebens. Lass die Energie dieses Symbols durch dich fließen. Die Blume des Lebens schenkt uns nicht nur Energie, sie steht auch dafür, dass wir alle kosmisch miteinander verbunden sind. Niemand ist allein, wir sind alle ein Teil des Ganzen.

Wenn du die Energie einen Moment lang wahrgenommen hast, mache dir bewusst, dass du ein wichtiges Bindeglied im Teil des Ganzen bist. Du bist wichtig, du hast deinen Platz und deine Aufgabe auf dieser Erde, sonst wärst du nicht geboren worden. Sage dir jetzt laut dreimal: „ICH DARF SEIN!“ Denke jetzt an die Person, die du gerne loslassen möchtest und erlaube dir bewusst, Liebe zu dieser Person zu spüren. Mache dir bewusst, dass Liebe etwas Kostbares ist. Es ist nicht unbedingt notwendig, dass sie erwidert wird. Schon das Spüren der eigenen Liebe zu dieser Person ist ein Geschenk. Mache dir das bewusst und atme diese Liebe ein. Lass die Liebe in dir zu und sage dir, dass du die Person XY in Liebe loslässt.

Verbleibe einen Moment in dieser Energie. Spüre, wie es dein Körper aufnimmt, wie er sich anfühlt. Sage dann noch einmal laut: „ICH BIN“ und tritt mit einem ganz bewussten Schritt wieder aus der Blume des Lebens.

Mein Fazit: Danke, Jeanne, du hast mir effektiv auf die Sprünge geholfen, ich hatte es nötig!

Frieden schließen mit meinem Äußeren

Jaja, ich wusste, es stand an. „Du könntest ja auch einfach abnehmen und dich täglich schminken“, sagte mein innerer Schweinehund mit beißendem Tonfall zu mir. Juhu, ich heuchelte Begeisterung. Was für tolle, revolutionäre Ideen mein Schweinehund doch hatte. Und vor allem so neue.

Sollte ich nur durch Abnehmen mit meinem Äußeren Frieden schließen können? Oder etwa nur durch Schminke? Was war los mit mir? Wieso setzte ich jetzt bei meinem Äußeren an? Das Thema hinter meinem Übergewicht kannte ich, daran wagte ich mich aber noch nicht. Wehe, wenn dieser Stein ins Rollen kam, dann würden aber einige Schutzmechanismen zusammenbrechen.

Wobei eins mal gesagt werden muss: Ich war noch nie wirklich schlank. Klar hatte ich auch schon Kleidergröße 42, aber tiefer ging es nie. Als das „Elfe-Sein“ verteilt wurde, war ich bestimmt gerade in einem anderen himmlischen Raum.

Eigentlich komme ich mit meinem Gewicht gut zurecht – eigentlich. Dafür habe ich ja immerhin ein tolles Gesicht und eine große Klappe. Damit bin ich immer gut über die Runden gekommen. Ich glaube, ich habe außerdem Zerrspiegel. Ich sehe mich zwar kritisch, aber niemals so dick, wie ich immer auf Fotos aussehe. Wer lügt jetzt? Meine Spiegel, meine Augen oder etwa die Fotos? Macht nichts, auch damit bin ich immer gut zurechtgekommen. Okay, manchmal gab es auch bei mir Momente, in denen ich echt sauer war, und eine Elfe wäre ich sowieso gerne immer von der Figur her gewesen. Schon aus Kostengründen. Schlanke kaufen bedeutend günstiger ein.

Ich erinnere mich an erniedrigende Worte. „In Ihrer Größe führen wir nichts“, sagte eine Verkäuferin in Kleidergröße XXXS zu mir, die mich ansah, als hätte ich lauter Warzen auf der Nase. Da ich an diesem Tag wirklich gut drauf war, benahm ich mich ganz schön unspirituell. Ich war sowieso nur in das Geschäft gegangen, weil meine Freundin dort war, und ich war dann sehr herablassend. Ja, die Verletzungen. Aus diesen heraus macht man wirklich viele Fehler. Besser ist es, immer noch einmal nachzudenken, bevor man im Rache-Fahrwasser ist. Aber wir Spirituelle sind halt auch nur Menschen, und machen uns unsere Macken nicht erst liebenswert? Trotzdem wieder die Frage: Aussehen und Selbstliebe? Schließt das eine das andere ein oder etwa aus?

Wer kam mir wieder einmal zu Hilfe? Bestimmt zum tausendsten Mal Toularion. An dieser Stelle mal ein dickes Dankeschön an meinen atlantischen Geistführer. Als Kind liebte ich die Filme Don Camillo und Peppone und wünschte mir immer, genauso wie Don Camillo mit Jesus oder gar dem lieben Gott sprechen zu können. Ich bin bei weitem noch nicht so gut wie Don Camillo, aber ich arbeite voller Begeisterung daran. Mit folgendem Vorsatz: Irgendwann habe auch ich eine Standleitung.

Übung: Die goldenen Sandalen (leider hauptsächlich eine Frauen-Übung)

Jede Frau kennt und liebt diverse Prinzessinnen-Märchen. Wir alle träumen vom Prinzen, der mit der goldenen Kutsche vor der Tür steht. Und wir alle kennen Aschenputtel. Ich glaube Toularion auch, denn von ihm stammt diese Übung. Oder weiß unsere geistige Führung etwa, dass es viel entspannter ist, Schuhe zu kaufen als Klamotten?

Atme tief ein und aus und schließe deine Augen. Bitte jetzt die Engel der Ausstrahlung in dein Energiefeld. Spüre, wie sie dir ein goldenes Netz über deinen Körper ziehen. Dein Körper beginnt zu prickeln, er nimmt diese Energie mit jeder Phase auf. Rufe jetzt Hekala, die Atalantispriesterin der Selbstliebe, in dein Energiefeld. Spüre, wie sie dir die goldenen Sandalen über deine Füße streift. Sobald du das wahrnehmen kannst, mache dir bewusst, dass sich jetzt deine Aura mit unzähligen Energieimpulsen auflädt. Du bist im Kokon der perfekten Ausstrahlung eingehüllt. Verankere dieses Gefühl jetzt fest in deinem Kopf und bitte deinen Körper, diese kleinen Magnete in deinem Energiefeld zu halten.

Öffne jetzt deine Augen, schlüpfe in deine absoluten Lieblingsklamotten und lass es krachen! Du hast eine tolle Ausstrahlung, also zeige sie auch!

Mein Fazit: Ich weiß nicht, ob es eventuell nur die Lieblingsklamotten sind, aber es funktioniert immer. Ich fühle mich wie eine Prinzessin, lächele zwangsläufig mehr, und die Menschen lächeln zurück. Das gibt ein gutes Gefühl.

Wenn ich mich nach dieser Übung im Spiegel betrachte, nehme ich mich viel freundlicher wahr. Ich denke, das ist ein Anfang.

Selbstliebe ist auch befreiend

Ich kann es kaum glauben. Ich bin inzwischen tatsächlich an einem Punkt angelangt, an dem ich einen anderen Zugang zu mir gefunden habe. Klar, meine Selbstkritik und meine Angst vor Verletzungen sind immer noch Themen. Doch ich habe mich verändert. Mir ist es bei weitem nicht mehr so wichtig – wie am Anfang des Buches –, von anderen geliebt zu werden. Ich bin nicht mehr süchtig danach, es jedem recht machen zu müssen, nur um geliebt zu werden. Es gibt immer wieder mal einen Rückschlag, aber ich bin auf einem guten Weg.

Wisst ihr, wobei mir das am meisten aufgefallen ist? Ich habe es immer gehasst, Aufzeichnungen von meinen Vorträgen anzuschauen, weil ich nie ein gutes Haar an mir lassen konnte. Meinen aktuellen Vortrag im Netz auf dem Internationalen Heilerkongress konnte ich mir völlig entspannt ansehen. Und das, ohne mich ständig zu kritisieren. Ich konnte meinen Worten folgen, ohne die ganze Zeit zu denken, wie ich aussehe, wie ich mich bewege… Die harte Kritik, die ich sonst für mich übrig hatte, war weg. Mir war nichts peinlich, ich musste nicht vor Ende des Vortrags abschalten. Was für eine Premiere.

Ha – ich bin stolz auf mich. Meine Übungen haben mir tatsächlich ein Stück geholfen. Ich habe mich wirklich verändert. Dieses Gefühl, um Liebe kämpfen zu müssen, hat sich gelegt. Ich beginne mir tatsächlich Selbstliebe zu geben und mich anzunehmen. Das erstaunt mich sehr und auch die Auswirkungen, die es auf die Menschen in meiner Umgebung hat. Ich kann tatsächlich Grenzen ziehen und auch mal Nein sagen. Vorher hatte ich immer Angst, nicht mehr geliebt zu werden, wenn ich Nein sagen würde. Und hatte ich tatsächlich einmal den Mut zu einem klaren Nein, zerfleischte ich mich hinterher voller Schuldgefühle selbst.

Durch meine Liebe habe ich an Achtung vor mir selbst gewonnen. Ich gehe sorgsamer mit mir um, lasse mir mehr Freiräume. Wenn das nicht Ansporn für dich ist, dich auf diesen Weg zu begeben! Es spielt keine Rolle, wie du zur wahren Selbstliebe kommst, mache dir aber noch einmal bewusst, dass Selbstliebe nicht von Äußerlichkeiten abhängig ist.

Lustig ist auch, wie mein Umfeld reagiert. Ich hatte viele Kunden im Laden, die nur schnell etwas von mir als Medium wissen wollten, aber nie etwas kauften. Meine Ausstrahlung hat sich so verändert, dass sie noch nicht einmal mehr fragen. Wohlgemerkt Kunden, die drei Jahre nichts anderes gemacht haben. Eine hat es vor kurzem so formuliert: „Silke, hast du gerade etwas gesprüht? Eine neue Essenz? Du hast eine viel intensivere, selbstbewusstere Ausstrahlung…“ Wenn die wüssten, dass ich einfach begonnen habe, mit mir ins Reine zu kommen.

Aber trotz allem hatte ich am Anfang auch zwei Hilfsmittel, die mir einen Riesenschub in die richtige Richtung gaben:

Ich trug immer ein bis zwei Stunden am Tag einen Chromdiopsid, auch Sterndiopsid genannt. Er aktiviert nicht nur das Herzchakra und bringt dort sämtliche Energiestaus zum Abfließen, sondern stellt gleichzeitig die Verbindung zur Geistigen Welt her. Sehr feinfühlige Menschen haben oft den Eindruck, er zieht sie regelrecht ins Universum. Deshalb diesen Stein nie länger tragen und jeden zweiten Tag unter klarem, kalten Wasser auswaschen.

Spannend ist übrigens, dass ich meinen Stein auf dem Ahnenaltar vor der Schwitzhütte bewusst zurückgelassen habe. Ich brauchte ihn einfach nicht mehr. Ich bedankte mich bei Mutter Erde und diesem wunderbaren Stein und legte ihn dann voller Liebe auf diesen Altar. Es war die richtige Entscheidung für mich.

Mein zweiter Griff in die Trickkiste war noch ein völlig anderer: Ich sprühte mir von der Engelalm die Edelsteinessenz Selbstliebe regelmäßig in die Aura. Beides unterstützte mich auf meinem Weg wunderbar. Ich bin überzeugt, dass dir auch Dinge ins Auge springen werden, die dir als Hilfsmittel gute Dienste leisten. Halt die Augen offen, schau, wohin dich die Geistige Welt führt und, vor allem, was dein Bauchgefühl dazu sagt.

Hilfsmittel sind erlaubt, wir fahren ja auch am Anfang Fahrrad mit Stützrädern.

Trau dich!

Zu guter Letzt

Dieses Buch hat mich an meine Grenzen gebracht. Selbstliebe und Loslassen waren echte Herausforderungen für mich. Wenn ich jetzt die Seiten überfliege, muss ich lächeln. So vieles hat sich verändert. Ich bin immer noch Lehrling, aber meine Noten haben sich verbessert, und ich habe verstanden, dass ich den Dingen auf den Grund gehen muss.

Hier liegt ein ganz anderes Buch vor mir als *Toularion* oder *Der Channel-Führerschein*. Es hat mich verletzlich gemacht und eine ganz neue Facette von mir gezeigt. Und doch möchte ich es in die Welt tragen, um euch zu sagen:

Wir haben alle Fehler und Schwächen. Doch je mehr wir uns lieben, desto intensiver und schöner ist das Leben.

Ich danke der Geistigen Welt für ihre Hilfe, und natürlich allen, die an diesem Buch mitgewirkt und mitgefiebert haben.

Ich weiß jetzt, warum mir die Geistige Welt diese Aufgabe gestellt hat.

Meinen besonderen Dank gilt den Sternen vom Smaragd Verlag, die mir ihr Vertrauen geschenkt haben. Mara Ordemann, danke, dass dein Verlag ein Licht in die Welt bringt.

Birgit Becker, Birgit Schwarz, Bettin Street-Schäfer, Andrea Kuck, Angela Otto, Antara Reimann, Heike Malik und allen anderen, die die Übungen mit mir durchgezogen haben.

Gaby – du bist die beste Lektorin, die ich haben konnte. Danke für unsere Seelenebene, deinen Humor und deine Ruhe.

Danke an die treuen Leserinnen und Leser meiner bisherigen Bücher und die vielen netten Worte. Ihr habt mir Flügel verliehen, mich durch alle Schreibblockaden getragen und mein Herz geöffnet.

Ich umarme euch alle.

Eure Silke

Über die Autorin

Silke Wagner wurde 1973 geboren. Durch eine Lebenskrise 2009 kam sie nach langer Pause wieder mit ihrer Spiritualität in Kontakt. Das geschah so intensiv, dass Silke 2011 ihre Berufung zum Beruf machte. Fast gleichzeitig mit dem „Ja" zur Berufung trat die Atlantisenergie in ihr Leben und begeistert sie noch heute. Sie gibt ihr Wissen in zahlreichen Vorträgen, Workshops und Seminaren weiter.

www.die-zauberwolke.de

Silke Wagner

Toularion – Blitzheilung aus Atlantis

76 Seiten, 11,5 x 16,5, broschiert, vierfarbig

ISBN 978-3-95531-107-0

Heilmethoden gibt es wie Sand am Meer. Doch kaum eine ist so schnell, unkompliziert und effektiv wie diese von den Atlantern übermittelte Heilung. Sie ist nicht starr und stur, sondern lädt die Menschen ein, sich spielerisch mit der Heilkraft von Atlantis auseinanderzusetzen. Die Leichtigkeit und Freude von Toularion und seinem Hohen Rat von Atlantis springen wie ein Funke auf den Anwender über und laden regelrecht dazu ein, über seinen eigenen Tellerrand hinauszuschauen.

Silke Wagner

Der Channel-Führerschein

Channeln lernen leicht gemacht

152 Seiten, A5, broschiert

ISBN 978-3-95531-127-8

1000-mal meditiert, 1000-mal ist nichts passiert?

Jeder ist früher oder später an dem Punkt, an dem er sich seiner eigenen Medialität bewusst wird. Aber wie trainiert man diese? Was tun, wenn einen die Meditation nicht weiterbringt?

Die Autorin verrät hier praktische Übungen, die sie mit ihren zahlreichen Schülern in etlichen Seminaren erprobt hat, und gibt dazu Tipps und Tricks für eine einfache Anwendung.

Dieses Buch hebt sich wohltuend von anderen Channel-Büchern ab, da kein Geheimnis mehr um die Praxis gemacht wird. Jeder, der schon auf der Suche nach Übungen zu diesem Thema war, weiß, wie wenig man tatsächlich darüber findet.

Nicht nur interessant für Anfänger, sondern auch für Übungsgruppen und Seminarleiter.